마법의 두루마리 ⑧

암행어사 출두야!

글 강무홍 | 그림 김종범
감수 신병주

햇살과나무꾼

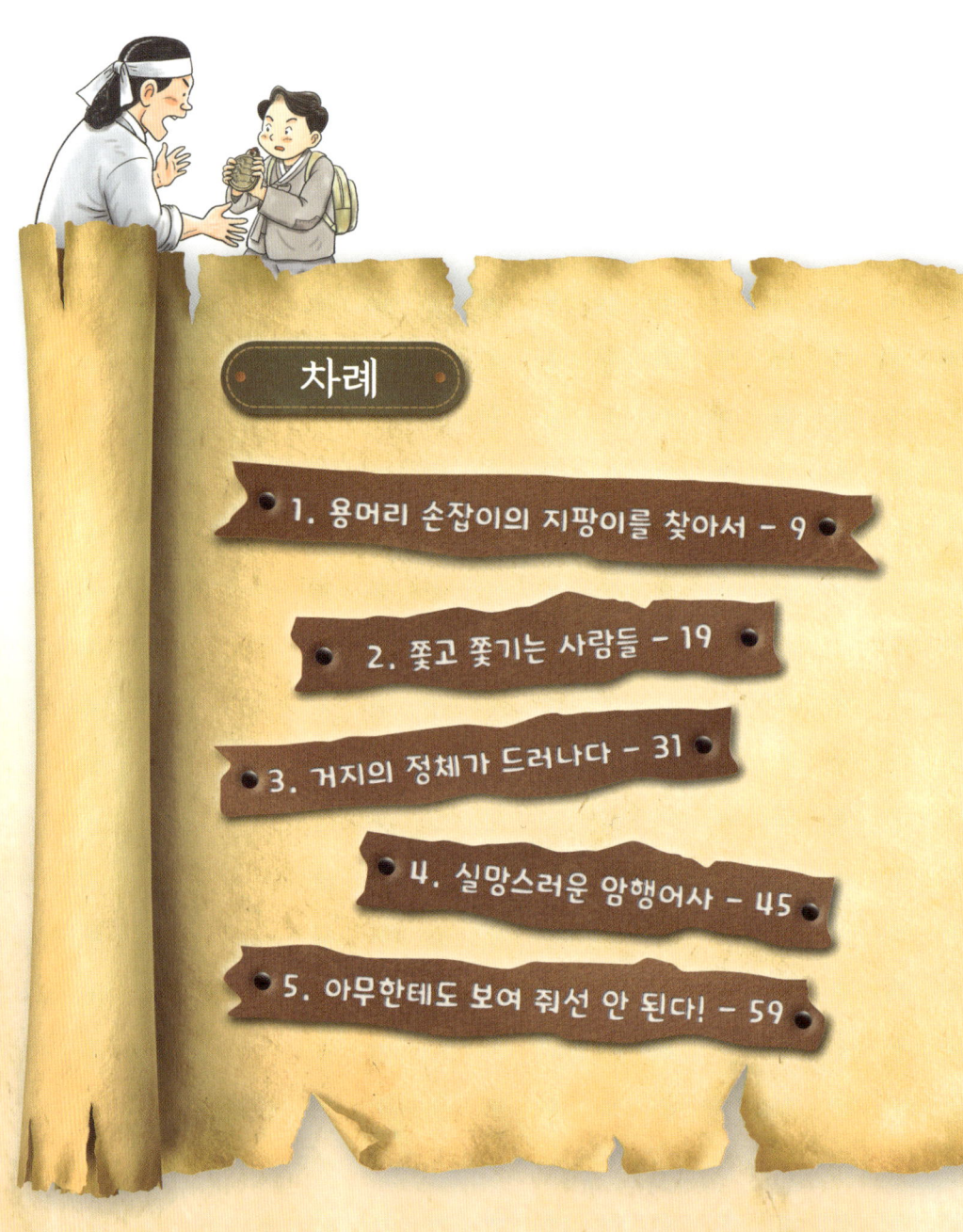

차례

1. 용머리 손잡이의 지팡이를 찾아서 - 9
2. 쫓고 쫓기는 사람들 - 19
3. 거지의 정체가 드러나다 - 31
4. 실망스러운 암행어사 - 45
5. 아무한테도 보여 줘선 안 된다! - 59

암행어사 출두야!

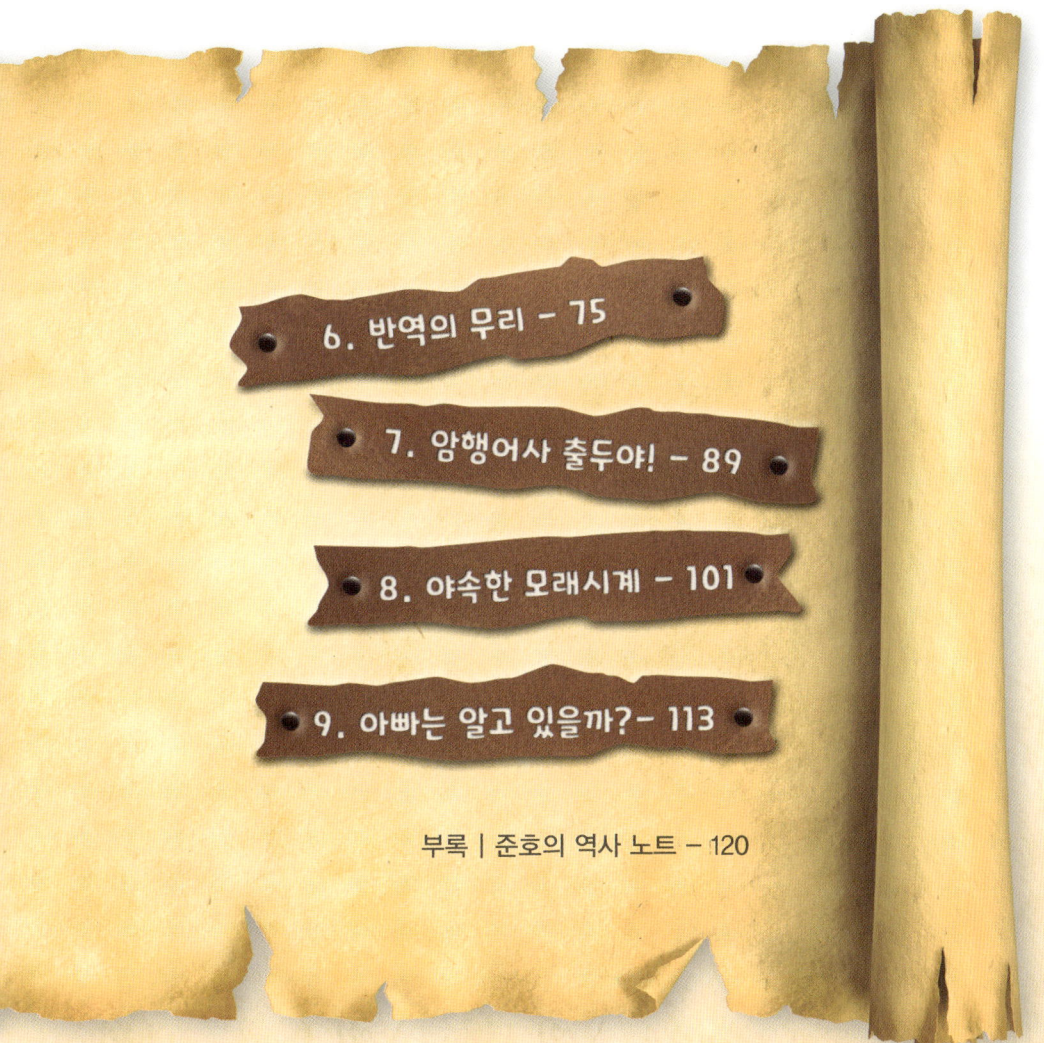

6. 반역의 무리 - 75

7. 암행어사 출두야! - 89

8. 야속한 모래시계 - 101

9. 아빠는 알고 있을까? - 113

부록 | 준호의 역사 노트 - 120

마법의 두루마리를 펼치기 전에

　호기심 많은 형제 준호와 민호는 역사학자인 아빠를 따라 경주의 작은 마을로 이사를 간다. 새집 지하실에서 마법의 두루마리를 발견한 둘은 석기 시대, 고려 시대, 조선 시대 등 과거 속으로 여행을 떠난다. 이웃에 사는 수진도 준호와 민호의 비밀을 눈치채고 과거 여행을 함께 한다.

　준호와 민호는 수진을 통해 이사 온 집에 살던 역사학자 할아버지가 행방불명되었다는 것을 알게 되고, 마법의 두루마리의 진짜 주인과 그에 얽힌 비밀을 풀기로 마음먹는다. 마침 수진이 지하실 골방 문손잡이의 용과 사라진 할아버지가 짚고 있던 지팡이의 용이 같다는 것을 알아내는데…….

1. 용머리 손잡이의 지팡이를 찾아서

아이들은 아까부터 지하실 골방을 샅샅이 뒤지고 있었다. 수진이 말한 용머리 손잡이의 지팡이를 찾기 위해서였다. 지팡이를 찾으면 두루마리의 비밀을 풀 수 있을지도 몰랐다. 또 예전에 이 집에 살다가 어느 날 갑자기 사라졌다는 괴짜 할아버지 실종 사건의 단서도 찾을 수 있을 것 같았다.

하지만 지하실 골방은 너무 어두워서 잘 보이지 않았다.

"불빛이 있으면 좋을 텐데."

준호가 혼잣말로 중얼거렸다. 그러자 기다렸다는 듯 밝은 빛줄기가 준호의 얼굴을 확 비추었다. 준호는 부신 눈을 가리며 빛이 나는 곳을 보았다.

수진이 어디서 났는지 손전등을 비추고 있었다.

"거기, 뭐 좀 있어?"

수진이 묻자 준호는 고개를 저었다.

"그건 뭐야?"

이번에는 민호 앞의 책상을 비추며, 수진이 물었다.

"이거?"

민호는 뚱하니 대꾸하며 책상 옆에 세워져 있던 기다란 막대기를 집어 들었다.

"그냥 나무 막대기야."

민호가 대답하자 수진이 다시 준호 쪽을 비추었다.

"거기는 어때, 지팡이 같은 거 없어?"

준호는 책장 부근을 샅샅이 살펴보았다. 하지만 어디에도 지팡이 같은 건 보이지 않았다.

"거기, 그건 뭐야?"

수진이 다시 책상 위를 비추자, 민호가 손으로 책상을

탕탕 치며 쏘아붙였다.

"뭐긴 뭐야, 책상이지!"

가뜩이나 지팡이 수색 작전에 불만이 많던 민호는 슬슬 기분이 나빠졌다. 모험을 즐기기에도 아까운 시간에 이 껌껌한 데서 지팡이는 왜 찾아야 하는 걸까? 게다가 자기는 먼지를 뒤집어쓰며 골방을 뒤지는데, 수진은 그저 손전등이나 비추면서 사람을 제멋대로 부리고 있었다.

수진이 책상 밑에 불빛을 들이대며 다시 소리쳤다.

"잘 살펴봐, 구석구석! 지팡이 같은 거 없는지."

민호는 엉겁결에 책상 밑을 보려고 허리를 숙이다가 갑자기 고개를 홱 쳐들었다.

"야, 왜 너는 손가락 하나 까딱 않고 우리한테만 시켜! 네가 뭔데, 이래라저래라야!"

수진은 잠시 당황했지만 곧 시원스레 대답했다.

"아, 미안, 미안! 지팡이 생각만 하느라 미처 그 생각을 못했네. 그럼 네가 이거 들고 있을래? 내가 찾아볼 테니

까."

민호는 부루퉁한 얼굴로, 그러나 내심 수진의 말에 귀가 솔깃해서 대꾸했다.

"그래? 그럼 내가 들고 있지, 뭐."

수진에게서 손전등을 건네받은 민호는 신이 나서 골방의 천장, 벽, 바닥, 창문은 물론 준호와 수진의 콧구멍까지 마구 비추었다.

"거기 좀 잘 봐, 샅샅이! 그렇지! 형도 좀 잘 찾아봐, 대충 보지 말고!"

결국 준호가 짜증을 내며 소리쳤다.

"야, 어딜 비추는 거야! 벽을 따라서 천천히, 똑바로 비추라구!"

하지만 민호가 아무리 손전등을 똑바로 비추어도 지팡이는 보이지 않았다. 책장과 두루마리 더미, 책상 부근, 벽을 따라 세워져 있는 짐들과 벽 모서리까지 샅샅이 살펴보았지만, 지팡이는 어디에도 없었다.

"혹시 그 할아버지가 갖고 간 건 아닐까?"

수진의 말에 준호도 고개를 끄덕였다.

"그렇다면 할아버진 지금 어디에 있을까? 어디로 사라진 걸까?"

준호가 묻자 수진이 대답했다.

"난 과거에 있을 것 같아!"

민호는 지겨워서 몸이 뒤틀렸다.

"또 그 얘기야? 언제까지 이렇게 이야기만 하고 있을 거야? 도대체 언제 과거로 갈 거냐고?"

민호가 투덜거렸다. 하지만 수진과 준호는 들은 척도 않고 둘이서만 진지하게 이야기를 나누었다.

"과거에 있을 것 같다고? 그럼 네 말대로 할아버지가 정말 과거에 갇힌 걸까? 어쩌다가?"

"으음……, 두루마리를 잃어버렸다거나, 두루마리가 찢어졌다면……."

민호는 더 이상 듣고 있을 수가 없었다. 이러다간 자기도 두루마리처럼 지하실에서 케케묵을 것만 같았다. 지하실에 내려온 지 한참이 지났는데, 도대체 언제까지 있지도 않은 지팡이 얘기만 하고 있을 참일까?

마침내 민호는 빽 소리를 질렀다.

"어휴, 지겨워! 둘이서 지팡이를 찾든지 말든지, 맘대로 해! 난 과거에 갔다 올 테니까!"

그러고는 책장에다 손전등을 내려놓고, 두루마리 하나를 덥석 집어 들었다.

"야, 이러는 게 어디 있어, 이건 반칙이야!"

수진이 허둥지둥 민호의 손목을 움켜쥐었다. 하지만 민호가 벌써 두루마리 끈을 잡아당긴 뒤였다.

"어, 어, 잠깐만!"

준호가 소리쳤지만, 이미 늦었다.

두루마리는 민호의 손에서 스르르 빠져나와 허공으로 둥실 떠올랐다.

두루마리에서 눈이 멀 듯한 푸른빛이 뿜어져 나오는 순

간, 준호는 반사적으로 책상 위에 있던 배낭을 잡아챘다. 그러고는 "으아아아아아!" 하고 비명을 지르며 민호, 수진과 함께 홀연히 사라졌다.

2. 쫓고 쫓기는 사람들

준호는 배낭을 움켜쥔 채 눈을 떴다. 주위를 돌아보니 어느 집 흙담 밑이었다. 따사로운 오후의 햇살에 복숭아 나무 가지가 그림자를 드리우고 있었다.

"꼭 조선 시대 같다!"

민호가 대뜸 말했다. 서당 개 삼 년이면 풍월을 읊는다고, 역사 박사인 준호 곁에 있다 보니 나름대로 눈썰미가 생긴 걸까.

민호 말대로 마을 풍경에서 왠지 모르게 조선 시대 분위기가 느껴졌다. 낮고 정겨운 흙담과 싸리나무 울타리, 나지막한 초가집들이 길을 따라 줄지어 서 있었다. 저 멀리에는 솟을대문*과 으리으리한 검은 기와지붕들이 우뚝우뚝 솟아 있었다.

준호는 주위를 둘러보다가 복숭아나무 밑에 떨어져 있는 두루마리를 발견했다.

"저기 있다!"

준호는 재빨리 두루마리를 집어 들고 이곳이 어디인지 살펴보았다.

민호도 두루마리 부근에 떨어져 있는 모래시계를 발견하고는 냉큼 주머니에 쑤셔 넣었다.

"진짜로 조선 시대야?"

수진이 준호가 들고 있는 두루마리에 고개를 들이밀며 물었다.

* **솟을대문**
'우뚝 솟은 대문'이란 뜻으로, 문의 지붕이 행랑채나 담보다 높이 솟은 대문을 말한다. 솟을대문은 지붕이 높아서 양반들이 가마나 말을 타고 대문을 드나들 때 고개를 숙이지 않고 지나갈 수 있었다. 솟을대문은 신분이 높은 양반집의 권위를 상징했다.

준호는 수진의 머리를 피해 왼쪽의 작은 지도와 오른쪽의 큰 지도를 훑어보았다. 작은 지도에는 압록강을 따라 오늘날과 같은 국경선이 그려져 있고, 경상도 지방 부근에 둥근 점이 찍혀 있었다. 국경선의 모양으로 보아 이곳은 민호의 말대로 조선 시대인 것 같았다.

준호는 큰 지도 쪽으로 눈길을 옮기며 중얼거렸다.

"조선 시대가 맞는 것 같아."

민호가 "거봐, 내 말 맞지! 척 보면 안다니까." 하고 큰 소리를 쳤다.

그 순간 등 뒤에서 "잡아라!" 하는 소리와 함께 쿵쿵쿵쿵 땅을 울리는 발소리가 났다. 준호와 민호와 수진은 일제히 뒤를 돌아보았다.

길모퉁이에서 검은 갓*을 쓴 사람이 도포 자락을 휘날리며 아이들 쪽으로 허겁지겁 뛰어오고 있었다. 그리고 그 뒤로 한 떼의 사람들이 몽둥이를 들고 무시무시하게 쫓아왔다. 모두 상투를 틀고 무명 바지저고리를 입은 장정

들이었다.

"어서 피해!"

준호가 소리쳤다. 여차하면 갓을 쓴 사람과 그를 쫓는 무리에 휩쓸릴 판이었다.

수진과 민호는 뛰어오는 무리를 피해 무작정 달리기 시작했다. 그 바람에 둘은 쫓고 쫓기는 무리의 맨 앞에서 달리게 되었다.

"옆으로 비켜, 빨리!"

준호가 놀라서 소리쳤지만, 이미 늦었다. 수진과 민호는 갓을 쓴 사람과 함께 뛰고 말았다. 별 수 없이 준호도 수진과 민호를 쫓아 달렸다.

모퉁이를 돌자 곧 세 갈래 길이 나타나고, 정면에 담벼

* 갓
조선 시대 남자들이 상투를 튼 머리 위에 쓰던 모자로, 주로 외출할 때나 정식으로 옷을 갖춰 입어야 할 때 썼다. 갓은 신분과 권위를 나타내는 중요한 물건이었기 때문에, 쓰지 않을 때는 갓집에 넣어 보관했다.

락이 나타났다. 아이들은 어느 쪽으로 가야 할지 몰라 머뭇거렸다. 쫓아오는 무리들의 발소리가 점점 가까워지고 있었다.

"아, 어떡하지?"

민호가 소리쳤다.

그때 갑자기 갓을 쓴 아저씨가 민호의 몸을 번쩍 쳐들더니 담장 위로 올려 주었다.

"뛰어내려! 어서!"

그러고는 수진과 준호까지 담 너머로 휙휙 넘겨 주었다.

다행히 담 너머에는 짚 더미가 쌓여 있어, 아이들은 그 위로 뛰어내렸다. 아저씨도 나는 듯이 빠르게 담을 넘어 짚 더미로 내려앉았다.

순간 아저씨의 옷섶 사이로 헝겊 띠에 매인 둥근 쇠 접시 같은 것이 얼핏 보였다. 준호는 눈이 휘둥그레졌다. 그것은 예사로운 물건이 아니었다.

"아저씨, 왜 도망쳐요?"

민호가 묻자 아저씨가 얼른 입을 틀어막았다. 쫓아오던 무리의 발소리가 세 갈래 길 부근에서 멈추었다.

'쉿, 조용히!'

아저씨의 신호에 민호와 수진이 고개를 끄덕였다.

쫓아오던 무리 중 하나가 소리쳐 물었다.

"어디로 간 거야?"

"길이 이렇게 갈라졌으니, 원! 난 저쪽 연못 길을 찾아볼 테니, 자네들은 이 부근을 뒤지게!"

곧 한 떼의 사내들이 우르르 몰려가는 소리가 났다.

남아 있던 무리 가운데 하나가 굵직한 목소리로 말했다.

"분명히 이 부근에서 사라졌는데……. 혹시 저 담을 넘은 건 아닐까?"

아저씨와 아이들은 가슴이 철렁했다.

누군가 담 밑으로 다가왔다. 잇달아 두어 명이 쫓아오는 발소리가 들렸다.

아이들은 숨을 죽인 채 죽은 듯이 엎드려 있었다.

"설마 참판 대감 댁 담을 넘었으려고. 게다가 뛰어넘기에는 담이 너무 높아."

"혹시 모르지, 급한 마음에 담을 넘었을지도. 안에 들어가서 뒤져 볼까?"

아저씨가 마른침을 삼켰다.

"뭐, 저 담을 넘자고? 그러다 들키면? 여기는 참판 대감 댁이야. 괜한 소란 피웠다가 무슨 봉변을 당하려고. 쉿! 그만하고, 다른 곳을 찾아보세."

그러자 맨 처음 담 너머를 의심했던 굵직한 목소리의 사내가 말했다.

"그러세. 담을 넘었다면 우리 눈에 띄었겠지. 괜한 소란을 피웠다가 눈에 띄기라도 하면 큰일일세. 다시 말하지만, 쥐도 새도 모르게 없애 버려야 해. 알겠나?"

'없애 버린다'는 말에 아이들은 얼어붙었다. 옆에 있는 아저씨의 몸이 가늘게 떨렸다.

"놈은 며칠 전부터 나리 댁 근처를 기웃거렸네. 송 진사 댁 하인들 말로는 우리 사또 얘기를 캐묻고 다녔다는데, 아무래도 예사롭지가 않아."

"그래도 없애 버리는 건 좀 꺼림칙하지 않나? 들리는 말로는 암행어사*일지도 모른다던데, 그렇다면 뒷일이 걱정 아닌가. 나중에 조정에서 알기라도 하면, 우린 목숨을 건사하기 어려울 걸세."

민호와 수진이 눈이 휘둥그레져서 아저씨를 보았다. 이렇게 차림새가 초라한 사람이 암행어사라니, 믿을 수가 없었다. 하지만 준호는 날카로운 눈빛으로 아저씨를 찬찬히 살펴보았다.

담 너머에서 낮고 굵은 목소리가 들려왔다.

"걱정 말게. 감사* 나리께서도 묵인하셨다니, 뒤탈은

＊ 암행어사

비밀리에 돌아다니는(암행) 왕의 사신(어사)이라는 뜻이다. 보통 어사들은 미리 공문을 보내 어사가 갈 것이라고 알려 주지만, 암행어사는 공문 없이 비밀리에 파견되었다. 왕의 명령을 받은 암행어사는 집에도 들르지 않고 한양 관아의 서리들을 데리고 파견지로 떠나, 백성의 어려움을 돌보고 지방 수령과 관리들의 잘잘못을 살폈다.

없을 걸세. 눈에 띄는 대로 없애 버려!"

아저씨의 몸이 부들부들 떨렸다.

"마을 어딘가에 숨어 있을 테니, 흩어져서 찾아보세!"

굵은 목소리의 사내는 그렇게 말하고는 사람들을 데리고 물러갔다.

골목을 빠져나가는 발소리가 멀어지자 아저씨가 천천히 몸을 일으켰다. 그러고는 낮은 소리로 중얼거렸다.

"죽일 놈들!"

---

* 감사

조선 시대 각 도의 최고 책임자. '관찰사'라고도 한다. 궁궐에서 멀리 떨어져 있는 지방을 왕이 직접 다스릴 수 없었기 때문에 고을마다 수령(지방 관리)이 왕을 대신하여 다스리게 하고, 각 도에 감사를 두어 수령이 일을 잘 하고 있는지 왕에게 보고하게 했다. 감사는 지방 장관으로서 각 지방의 모든 일을 지휘하고 감독할 만큼 권한이 막강했다. 아무리 좋은 일이라도 본인이 싫어하면 억지로 시킬 수 없다는 뜻의 "평안 감사도 저 싫으면 그만"이라는 말에서 감사가 얼마나 막강한 벼슬이었는지 알 수 있다.

3. 거지의 정체가 드러나다

잠시 후 담 너머가 조용해지자, 아저씨는 민호를 어깨에 태워 길 쪽을 내다보게 했다.

"아무도 없어요."

민호가 속삭이듯 말하자 아저씨는 재빨리 민호를 내려놓고는 말했다.

"일단 여기서 빠져나가자!"

아이들은 아저씨가 이끄는 대로 담을 따라 살금살금 걸어 대문간으로 갔다. 다행히 대문간에는 아무도 없었다. 아저씨는 조용히 대문을 열고 밖을 살핀 다음, 아이들을 먼저 내보내고 자신도 뒤따라 나왔다. 골목은 언제 쫓고 쫓기는 소동이 있었느냐는 듯 조용했다.

　대문을 빠져나온 아이들은 아저씨를 따라 소리 없이 좁은 골목길로 내달렸다. 간간이 대나무 광주리를 이고 지나가는 아낙네나 길거리에 나와 노는 동네 꼬마들과 마주쳤지만, 준호와 민호와 수진은 눈길도 주지 않고 아저씨를 따라 달렸다.

　이윽고 네 사람은 대장간과 방앗간, 옹기 집을 지나 마을 밖으로 빠져나갔다. 그러고는 강가의 나무다리 끝에서 기슭으로 내려가, 거적때기를 덕지덕지 얽어 만든 움막집에 이르렀다.

　"으으……. 냄새!"

　무심코 아저씨를 따라 움막집 안으로 들어간 아이들이 비명을 질렀다. 퀴퀴한 냄새와 썩은 냄새가 코를 찔렀다. 지난번 여행에서 만난 고구려 병사들의 옷에서 나던 냄새하고는 비교도 안 될 만큼 고약한 냄새였다. 민호와 수진이 코를 감싸 쥐고 뛰쳐나가려 하자, 아저씨가 아이들을 붙잡았다.

"어허, 어딜 가! 이제부터 내 허락 없이는 한 발짝도 움직여선 안 돼."

아저씨가 엄한 눈빛으로 아이들을 쏘아보았다.

"그런데 너희는 왜 쫓기는 거냐? 도둑질이라도 한 게냐?"

아이들은 어처구니가 없었다.

"뭐라고요? 쫓기는 건 아저씨잖아요! 아저씨 때문에 우리까지 위험해진 거라고요!"

민호가 펄쩍 뛰자 아저씨가 정색하며 되물었다.

"뭐, 나 때문에 쫓기는 거라고? 그럴 리가 있나! 옷차림이 영 수상한데, 어느 고을 아이들이냐? 이 마을에선 못 보던 얼굴들인데."

민호와 수진은 말문이 막혔다. 아저씨가 고개를 빼고 준호의 배낭을 바라보며 물었다.

"그건 네 봇짐이냐? 생김새가 특이하구나."

준호는 숨을 깊이 들이쉬고 아저씨를 똑바로 쳐다보았다. 어디서 그런 용기가 났는지 스스로도 알 수 없었다. 접시처럼 생긴 둥근 쇠붙이, 햇빛에 반짝이던 그 물체. 준호는 아까 아저씨가 담에서 뛰어내릴 때 옷섶 사이로 반짝이던 것을 떠올리며 물었다.

"아저씨, 암행어사죠?"

준호의 말에 아저씨도, 민호와 수진도 한목소리로 되물었다.

"암행어사?"

아저씨가 손을 휘휘 내저었다.

"어허, 큰일 날 소리! 내 몰골을 보고도 그런 소리가 나오느냐? 어떤 암행어사가 이렇게 거지꼴이라더냐, 응?"

수진과 민호의 생각도 같았다.

"그래, 말도 안 돼, 암행어사가 뭐 이래?"

"형, 암행어사는 못된 사또를 혼내 주는 훌륭한 사람이잖아. 그런데 이 거지 같은 아저씨가 어떻게 그렇게 훌륭한 사람일 수가 있어?"

민호와 수진은 떨떠름한 얼굴로 아저씨를 아래위로 훑어보았다.

낡아 빠진 도포에 찌그러진 갓, 다 해진 짚신과 대나무 지팡이, 그리고 값나가는 것이라곤 전혀 들어 있지 않을 것 같은 허름한 괴나리봇짐*.

아무리 봐도 암행어사는 아닌 것 같았다.

"아까 담 넘을 때 옷섶 사이로 마패를 봤어요. 허리띠에 있는 그거, 마패 맞죠? 그렇죠?"

준호가 캐묻자 아저씨는 당황한 듯 말을 더듬었다.

"마, 마패라니, 네 어찌 그, 그런……."

하지만 준호는 꿈쩍도 하지 않았다.

준호와 아저씨 사이에 팽팽한 긴장이 흘렀다.

준호를 찬찬히 바라보던 아저씨가 마침내 입을 열었다.

"으음, 눈빛을 보니 정말 마패를 본 모양이구나."

준호가 고개를 끄덕이자 아저씨는 한숨을 푹 쉬었다.

"좋다, 사실대로 말하지. 지금으로서는 너희 말고는 달

*** 괴나리봇짐**
먼 길을 갈 때 등에 지던 작은 짐. 여행에 필요한 옷과 짚신, 돈 따위를 베 보자기에 싸서 꾸렸다. 화폐가 널리 쓰이지 않던 17세기 이전에는 이 괴나리봇짐에 베를 넣고 다니다가 필요할 때마다 잘라서 화폐처럼 사용했다.

리 부탁할 데도 없으니."

아저씨가 불안한 표정으로 민호와 수진을 힐끗 살피고는 말했다.

"지금부터 내가 하는 말 잘 들어라. 네 말대로 나는 암행어사다."

민호와 수진은 입을 쩍 벌린 채 아저씨를 쳐다보았다.

'뭐라고? 이 거지 아저씨가 암행어사라고?'

"그런데 너희들도 보았듯이, 지금 나를 해치려는 놈들이 있다. 내가 암행어사인 걸 알고 쥐도 새도 모르게 없애려는 거지."

준호가 물었다.

"왜요? 왜 아저씨를 없애려는 거죠? 아까 그 사람들은 누군데요?"

아저씨가 무거운 목소리로 말했다.

"이 고을 수령*의 부하들이다."

아이들은 깜짝 놀라 눈이 휘둥그레졌다.

"그럼 이 고을의 병사들이에요?"

"그래, 사또의 잘못을 감추기 위해 나를 없애려는 거지. 자신들의 죄가 조정에 알려질까 봐 두려운 거야."

준호는 소름이 끼쳤다. 감히 암행어사를 죽일 생각을 하다니, 보통 악독한 사또가 아닌 것 같았다.

민호와 수진은 여전히 미덥지 않은 얼굴로 아저씨를 살폈다. 아무리 봐도 암행어사 같지 않았다.

아저씨가 소리를 낮추어 말했다.

"지금 놈들은 나를 찾느라 눈에 불을 켜고 있다. 그러니 나는 마을로 들어갈 수가 없구나. 너희가 내 심부름을 좀 해 주지 않겠느냐? 당장 햇고을의 월매 주막에 가서, 봉출이란 사람을 찾아 내 말을 좀 전해 다오."

뜻밖의 부탁에 준호는 놀라서 아저씨를 쳐다보았다.

---

* 수령
각 고을을 맡아 다스리던 지방 관리를 일컫는 말. '원'이라고도 했으며, 높여서 '사또' 또는 '원님'이라고도 했다. 지방의 등급에 따라 부윤, 목사, 부사, 군수, 현령, 현감으로 불렀다. 각 지방에서 백성들을 다스렸으며, 임기는 보통 1800일(약 5년)이었다.

아저씨가 마른침을 삼키며 말했다.

"오늘 저녁 출두할 터이니, 속히 역졸과 서리*들을 모으라고 전해 다오. 원래는 내일 출두할 예정이었으나, 아무래도 놈들이 눈치를 챈 듯하니, 선수를 쳐야겠다. 그러려면 오늘밖에 기회가 없다. 어떠냐, 할 수 있겠느냐?"

준호가 진지한 눈빛으로 고개를 끄덕이자, 아저씨도 결심한 듯 고개를 끄덕이더니 허리춤에서 뭔가를 꺼냈다. 준호가 보았던 바로 그 마패였다!

갑자기 어두침침했던 방 안이 환해지는 것 같았다. 민호와 수진도 아저씨 곁으로 다가와 마패를 뚫어져라 쳐다보았다. 메달처럼 둥근 쇠붙이에 말이 그려져 있었다.

▲ 검은 패랭이

* 역졸과 서리
역졸은 말을 빌려 주던 역에서 심부름하던 사람이다. 역을 오가는 관리들의 시중을 들고 말을 보살피며, 다른 역에 문서를 전달하는 일을 했다. 검은 패랭이를 써 신분을 표시했다. 서리는 관아의 하급 관리다. 일반 백성들이 아무 보수도 받지 않고 군역을 하듯, 서리들도 나라로부터 보수를 받지 않고 관아의 잡일이나 간단한 사무를 도맡았다. '아전'이라고도 하는데 한양에서는 서리로, 지방에서는 향리로 불렸다.

'이게 마패라고? 진짜?'

민호는 마패를 깨물어 보고 싶었다.

"이것을 봉출이에게 전해 다오. 이걸 들고 역에 가면 말과 역졸들을 내어 줄 터이니, 부근에 있는 서리들에게 속히 연락하라고 해라. 오늘 유정시(오후 6시경)에 동헌*에 모이라고. 아, 그리고 호위할 무사 몇 명을 내게 보내라고 일러라."

준호는 마패를 받아들고 찬찬히 들여다보았다. 암행어사의 마패를 직접 보다니, 꿈만 같았다.

준호는 떨리는 손으로 배낭 속에 마패를 집어넣었다. 민호와 수진이 보여 달라고 졸랐지만 단호하게 고개를 저었다. 그 마패에 아저씨의 목숨이 달려 있었다.

"우리가 은신처로 쓰던 주막은 위험하니, 나는 다른 곳에 숨어 있어야겠다. 우선 그곳으로 가자, 탑골에 있는 은신처로. 놈들이 언제 사람을 풀지 모르니 빨리 움직이는 게 좋겠다."

* 동헌
지방 관청의 중심 건물로 지방 수령이 나랏일을 보던 곳이다. 수령은 이곳에서 이방, 형방 등 향리들을 거느리고 세금과 소송 등의 일을 보았다. 수령이 먹고 자며 생활하는 곳인 내아(서헌)의 동쪽에 있다 하여 '동헌'이라 불렀다.

아저씨는 자리에서 일어나 아이들을 훑어보았다.

"그나저나 너희들 옷차림이 아무래도 너무 눈에 띄는구나. 옷부터 구해야겠다."

민호와 수진은 여전히 아저씨가 암행어사인지 아닌지 헷갈리면서도 가슴이 쿵쿵 뛰었다. 과거 속으로 들어오자마자 손에 땀을 쥐는 모험을 하게 된 것이다.

"어서 가자!"

아이들은 떨리는 가슴으로 아저씨와 함께 움막 밖으로 나왔다.

4. 실망스러운 암행어사

봄이 무르익은 밭에는 파릇한 보리 싹이 돋아나고, 그 사이사이로 조나 팥 등이 자라고 있었다. 막 씨를 뿌린 목화밭에서도 한창 싹이 움트고 있었다.

아이들은 주위에 수상한 사람이 없는지 살피며 어느 마을 어귀로 들어섰다.

곧 앙상하게 여윈 할아버지 한 분이 다 쓰러져 가는 초가집 옆에서 호미질을 하는 모습이 보였다. 작은 채마밭*

* 채마밭
채소를 기르던 밭. 조선 후기에는 상업이 발달하면서 큰 도시 부근에서 무, 가지, 오이 등 채소를 길러 시장에 내다 파는 '근교 농업'이 발달했다. 채소는 쌀농사보다 수익이 높아 널리 재배되었다.

을 가꾸고 있었는데, 팔에 힘이 하나도 없어 보였다.

"저 할아버지, 왜 그래요? 어디 아프신 거 같아요. 저러다 쓰러지시겠어요."

금방이라도 쓰러질 것 같은 노인의 모습이 안쓰러운 듯, 민호가 물었다. 아저씨가 할아버지 앞을 지나가며 심드렁하게 대꾸했다.

"하도 굶어서 그렇지, 뭐. 지금은 그런 데 신경 쓸 때가 아니다. 어서 가자."

민호와 수진의 마음속에서는 다시 의심이 고개를 들었다. 너무 굶어서 기운이 하나도 없는 할아버지를 보고도 저렇게 아무렇지도 않은 사람이 정말 정의로운 암행어사가 맞는 걸까?

아저씨는 민호와 수진의 따가운 눈초리에도 아랑곳하지 않고 주위를 두리번거리더니, 열댓 발짝 앞에 있는 초가집으로 성큼성큼 다가갔다. 그러고는 슬그머니 그 집 마당으로 들어가, 빨랫줄에 널려 있던 옷가지들을 몽땅 걷어 가지고 나왔다. 아저씨는 아이들에게 따라오라고 고갯짓을 하고는 그 집에서 조금 떨어진 자두나무 밑으로 가서 옷을 건넸다.

"자, 어서 갈아입어라!"

아이들은 어처구니가 없었다. 암행어사라는 사람이 남의 집에 들어가서 옷을 훔치다니! 아저씨는 거지 행세를 하는 암행어사가 아니라, 진짜 거지 같았다.

"무슨 암행어사가 남의 옷을 훔쳐요!"

민호가 따지고 들자 수진도 한마디 했다.

"백성들을 도와주지는 못할망정 옷을 훔치면 어떡해요! 아저씨, 진짜 암행어사 맞아요?"

아저씨는 그 말에는 대꾸도 않은 채 "아, 입 다물고 어서 입기나 해!" 하고 도리어 아이들을 다그쳤다.

아이들은 찝찝한 마음으로 아저씨가 훔쳐 온 옷을 주섬주섬 입었다. 아저씨는 그제야 마음이 놓인다는 표정으로 고개를 끄덕이고는 아이들을 데리고 마을로 들어갔다.

초가집들이 옹기종기 모여 있는 넓은 길로 접어들자, 사람들이 모여 웅성거리고 있었다. 얼핏 군졸들의 모습도 보였다.

군졸들을 본 아저씨는 슬며시 고개를 돌리고는 조용히 지나쳐 가려고 했다. 하지만 궁금증을 참지 못한 민호와 수진이 사람들이 모여 있는 곳으로 달려가고 말았다.

아저씨가 준호의 귀에 대고 말했다.

"눈에 띄어 좋을 것이 없으니, 어서 아이들을 데리고 여기서 빠져나가자."

그때 지나가던 사람 하나가 혀를 차면서 중얼거렸다.

"쯧쯧쯧, 죽은 사람한테 군포*를 물려 소를 끌고 가더

＊ 군포

군대에 가지 않는 대신 내는 세금. 보통 베(포)로 냈기 때문에 '군포'라고 불렀다. 조선 시대에 16세~60세까지의 양민 남자는 군에 복무할 의무가 있었는데, 많은 사람들이 군대에 가는 대신 군포를 냈다. 군포는 군대를 유지하는데 쓰였지만, 양반들은 온갖 편법으로 군포를 받았다. 이에 지방 관리들이 백성들에게 군포를 마구 물려 부족한 양을 메우려 하면서 어린 아이와 죽은 사람에게까지 군포를 물리는 경우가 허다했다.

니, 이젠 산 사람까지 끌고 가는구먼. 어이구!"

그러고는 아저씨를 향해 눈을 흘기며 말했다.

"왜, 내 말이 틀렸소?"

아저씨가 "아니오, 아니오." 하며 고개를 숙이자, 그 사람은 아저씨를 아래위로 훑어보고는 말을 계속했다.

"벌써 몇 해째 흉년이 들어 난리인데, 최 진사 댁에선 소작료*로 추수한 곡식을 반이나 떼 가지, 관에서는 죽은 사람 군포까지 걷어 가지, 댁 같으면 무슨 수로 살겠소? 쯧쯧쯧!"

아저씨는 "그렇지." 하고 맞장구를 치며 고개를 주억거렸다.

준호가 사람들이 모인 곳으로 다가가 보니, 창과 몽둥이를 든 군졸들이 한 남자를 끌고 가고 있었고, 그 옆에서

---

* 소작료

땅을 빌려 농사를 짓고 그 대가로 땅 주인에게 내는 사용료를 말한다. 조선 후기에는 소작료로 한 해에 거둔 곡식의 절반을 땅 주인에게 내기도 했다. 이 때문에 남의 땅을 빌려 농사를 짓는 소작농들은 아무리 열심히 일해도 늘 굶주렸다.

웬 아주머니가 검을 갓을 쓴 사내 앞에 엎드려 울며불며 애원하고 있었다.

"이번 가을 추수 때 꼭 갚을 테니, 제발 한 번만 봐 주세요!"

"허허, 지난해에도 추수 때 갚겠다더니 하나도 안 갚지 않았느냐. 벌써 열두 필이나 밀렸는데, 남의 논에 소작을 부치는 주제에 어찌 갚겠다는 게야!"

갓을 쓴 사내가 호통을 쳤다.

아주머니가 울면서 매달렸다.

"이방* 나리, 지난해에는 흉년이 들어 도저히 갚을 길이 없었습니다. 더구나 밀린 군포에는 돌아가신 아버님 것까지 들어 있어서……. 아무튼 올해에는 무슨 수를 써서든

---

* **이방**
지방 관아의 수입과 지출, 관리의 승진 따위를 맡아보던 부서, 또는 그 일을 하던 향리를 가리킨다. 지방 관아의 육방(이방, 호방, 예방, 형방, 공방, 병방) 가운데 하나로, 지방 향리의 대표이다. 보수를 받지 않고 일했기 때문에 부정을 저지르는 경우가 많았고, 지방을 다스리는 수령이 고을 실정이나 실무에 어두워서 보통은 이방, 호방, 형방이 실권을 쥐고 있었다.

갚겠습니다요!"

그러자 이방이 버럭 화를 냈다.

"네 이년, 지금 우리 사또께서 억지로 세금을 뜯어냈단 것이냐!"

아주머니가 화들짝 놀라며 엎드려 빌었다.

"아니옵니다, 나리! 제발 살려 주세요! 제발 노비만은 면하게 해 주세요, 나리!"

"시끄럽다, 끌고 가라!"

갓을 쓴 사람이 소리치자 군졸들이 다시 그 남자를 끌고 갔다. 아주머니가 매달리자, 아주머니에게 마구 발길질을 했다.

"아이고, 아이고!"

"저러다 사람 잡겠네!"

여기저기서 탄식이 터져 나오고, 아낙네 둘이 쓰러진 아주머니에게 달려갔다.

그 순간 민호가 뛰쳐나가며 소리쳤다.

"너무해요, 왜 차요!"

준호와 수진은 눈앞이 아찔했다. 말릴 틈도 없이 민호가 군졸들 앞으로 뛰어든 것이다.

"웬 놈이냐!"

이방이 소리치자 아저씨가 허둥지둥 끼어들었다.

"아이고, 죽을죄를 졌습니다요. 어린것이 철없이 나선 것이니, 부디 너그럽게 용서해 주십쇼, 나리! 얼른 데려가겠습니다요."

아저씨는 연방 굽실거리며 민호의 입을 틀어막고는 끌고 나왔다. 민호가 발버둥을 치는 바람에 수진과 준호까지 힘을 합쳐야 했다.

그때 민호의 행동을 보고 용기를 얻은 사람들이 한마디씩 했다.

"저 아이 말이 맞소!"

"이래서야 사람이 살 수가 있나! 지난해 흉년으로 열 집에 아홉 집은 양식이 떨어졌구먼!"

"오죽하면 어린애가 다 나설까!"

사람들이 목소리를 높이자, 군졸들이 몽둥이를 휘두르며 으름장을 놓았다.

"조용히 하지 못할까! 모조리 잡혀가고 싶으냐!"

놀란 사람들이 슬금슬금 물러났다. 그사이 군졸들은 재빨리 남자를 끌고 가 버렸다. 구경꾼들은 어두운 낯빛으로 그 모습을 지켜보았다.

"저 미련한 사람……. 차라리 야반도주(한밤중에 몰래 도망치는 일)라도 하지!"

구경꾼 중 하나가 안타까운 듯 말하자 다른 사람들도 쑤군거렸다.

"야반도주는 어디 쉬운가. 이 흉년에 어디 가서 입에 풀

---

* **부민고소금지법**

신분이 낮은 서리나 백성들이 벼슬아치들을 고소하지 못하게 금지한 법. 이 법을 어기면, 곤장 100대를 맞거나 3년 동안 힘겨운 노동을 해야 했다. 임금을 대신하여 고을을 다스리는 지방 관리들을 보호하기 위해 만들어진 법으로, 이 악법 때문에 백성들은 억울한 일이 있어도 수령을 고발할 수 없었다. 엄격한 신분제 사회였으므로 백성은 정치에 참여할 권리가 아예 없었다.

칠을 하겠나."

"지주 등쌀에, 탐관오리 등쌀에, 이럴 바에야 한양 가서 날품을 팔든지 구걸을 하는 게 낫겠어."

구경꾼들의 원성은 점점 높아졌다.

"그놈의 부민고소금지법*인지 뭔지 때문에 양반도, 탐관오리도 고발할 수가 없으니 우리 같은 백성들만 죽어나네그려."

"마음 같아서는 관아로 몰려가서 옥이고 창고고 몽땅 때려 부수고 싶은 심정일세!"

"나라에선 대체 뭘 하는 겐가? 암행어사라도 오면 좋으련만, 이거야 코빼기도 안 보이니, 원!"

민호는 애타게 아저씨를 보았다. 수진도 간절한 눈빛으로 바라보았다. 이럴 때 아저씨가 나선다면, 여기 있는 사람들이 얼마나 기뻐할까?

하지만 아저씨는 아무 말도 못 들은 사람처럼 아이들에게 어서 가자고 재촉했다.

'어이구!'

민호는 주먹으로 가슴을 쳤다.

수진도 어깨를 늘어뜨린 채 한숨을 푹 내쉬었다.

오직 준호만이 생각에 잠긴 표정으로 묵묵히 아저씨의 뒤를 따라갔다.

5. 아무한테도 보여 줘선 안 된다!

아저씨는 아이들을 마을에서 조금 떨어진 곳에 있는 어느 빈집으로 데려갔다. 지난해 고리대* 때문에 온 가족이 야반도주를 하여 비어 있는 집으로, 아저씨가 말한 '탑골의 은신처'였다.

아저씨는 주위를 살핀 다음, 아이들과 방으로 들어갔다.

"여기는 빈집이라 안전하다. 나는 여기 있을 테니, 너희

* **고리대**
이자가 비싼 돈, 또는 부당하게 비싼 이자를 받는 돈놀이를 가리킨다. 조선 시대에 지주나 상인, 부농들은 가난한 농민에게 쌀이나 베, 돈 등을 비싼 이자를 받고 빌려주어 재산을 불렸다. 또 중앙과 지방의 관청에서도 농민들에게 환곡(흉년 때 농민을 돕기 위해 마련해 둔 곡식)을 비싼 이자로 꾸어 주고, 그 이자로 관리들의 배를 불렸다. 농민들이 빚을 제때 갚지 못하면, 재산을 빼앗거나 노비로 삼았다.

는 월매 주막에 가서 봉출이를 만나고 오너라. 요 앞의 배나무 정자 길을 따라 쭉 내려가면, 저수지가 나타날 게다. 그 저수지를 지나 한참 가면, 장승과 당산나무가 있는 마을 어귀가 나올 게야. 거기서 삼백 보쯤 떨어진 곳에 있는 감나무 집이 바로 월매 주막이다."

아저씨는 그렇게 말하고 아이들이 만나야 할 '봉출'이라는 연락병의 생김새를 일러 주었다. 아직 상투를 틀지 않았고, 키는 작지만 체구가 다부진 청년이라고 했다.

"반드시 그 청년한테 마패를 건네야 한다. 그 전까지는 누구한테도 마패를 보여 줘선 안 돼. 가는 도중에 아까 만났던 왈짜패들(조선 시대의 건달)을 만날 수도 있으니, 주위를 잘 살피고. 혹시 만나더라도 도망치거나 하지 말고, 자연스럽게 걸어가거라. 그냥 집으로 가는 것처럼 말이다."

조금 전의 한심한 모습은 온데간데없이, 아저씨가 진지한 눈빛으로 준호를 보았다. '너라면 충분히 해낼 수 있다'고 말하는 듯했다. 하지만 준호는 자신이 없었다. 자신만

만한 것은 오히려 민호와 수진이었다.

민호가 가슴을 탕탕 치며 말했다.

"걱정 마세요, 저는 눈치가 무지 빠르거든요!"

수진도 흥분해서 얼굴이 발그레했다. 준호만 창백한 얼굴로 마른침을 연신 삼켰다.

아저씨는 미덥지 않은 눈초리로 민호를 보며 말했다.

"조금 전처럼 섣부른 행동은 금물이다. 알겠느냐?"

"네!"

민호가 언제 실수를 했냐는 듯 신이 나서 대답했다.

아이들은 곧 아저씨가 숨어 있는 빈집에서 나와 배나무 정자 길을 따라 걸었다. 저수지가 있는 곳을 지나 한참 걸

* 주막
술과 밥을 팔고, 나그네에게 방을 빌려주던 곳. 사람이 많이 오가는 장터나 나루터, 큰 고개 밑의 길목 등에 있었다. 간판 대신 술 '주(酒)'자를 써 붙이거나 장대에 길쭉한 통을 높이 매달아 놓았다. 주막은 '주모'라는 여주인이 꾸려 나갔고, '중노미'라는 남자아이가 안주를 굽거나 공짜 안주를 먹는 사람이 있는지 감시하며 잡일을 거들었다. 술이나 밥을 먹으면 잠은 공짜로 재워 주었지만, 좁은 방에서 여러 사람이 함께 자야 했다.

어가자, 아저씨가 말한 대로 장승과 당산나무 부근에 감나무가 있는 주막*이 나왔다. 싸리나무 울타리 사이로 엿보니, 마당에서 누군가 술병을 들고 비틀거리고 있었다.

준호는 울타리 너머로 조심스레 고개를 들었다. 순간 집 안에서 큰 고함 소리가 났다. 준호는 화들짝 놀라 울타리 밑으로 숨었다.

"아, 멀쩡한 놈이 왜 대낮부터 술타령이야. 그렇게 할 짓이 없으면 나가서 목화 동냥*이나 좀 해 오든가! 허구한 날 술이나 마시고, 잘한다!"

그러자 술병을 든 남자가 혀 꼬부라진 소리로 말했다.

"이러나저러나 먹고살기 힘든 세상. 술 없이 어찌 견딘

▲ 목화송이

* 목화 동냥
집집마다 돌아다니며 목화를 조금씩 동냥하여 시장에 내다 파는 일. 목화는 14세기 고려 공민왕 때 문익점이 원나라에서 들여왔다. 처음에는 일반 백성들이 밭에서 소규모로 재배하여 솜옷을 지어 입었으나, 면포 소비가 늘어난 16세기부터는 대량으로 재배해서 목화로 면포를 만들어 팔기 시작했다. 면포는 점점 널리 사용되어 화폐 대신 쓰였으며, '목화 동냥'까지 성행하게 되었다.

단 말이오! 인생사 허망한 거, 애 끓이지 마시오!"

울타리 사이로 자세히 보니, 술에 취해 비틀거리는 이는 아직 상투를 틀지 않은 청년이었다. 체구는 작았지만, 걷은 소매 밑으로 드러난 억센 팔뚝과 바짓부리 밑의 탄탄한 종아리가 한눈에도 힘세고 날렵해 보였다.

청년이 술병을 쳐들고 소리쳤다.

"잔소리 그만하고, 술이나 한 잔 더 주시오!"

화가 난 주모는 청년의 등을 철썩 후려갈기며 말했다.

"이 망할 놈아! 얻다 대고 술주정이냐, 이 한심한 놈아!"

그러고도 분이 풀리지 않은 듯 주모는 몇 대나 철썩철썩 때려 댔다. 청년은 "아이고, 나 죽네!" 하고 죽는소리를 하며 마당 구석으로 비틀비틀 내뺐다. 그러고는 커다란 웅덩이에 오줌을 내깔기며 혀 꼬부라진 소리로 주절댔다.

"목화니, 담배니, 누구 좋으라고 농사를 짓나? 탐관오리 입속에 처넣으라고? 양반 놈들 입에 처넣으라고? 아니면, 빚쟁이 뱃속에다 처넣으라고?"

아직 상투를 틀지 않은 머리 하며 키가 작고 체구가 다부진 것으로 보아, 청년은 아저씨가 말한 봉출이란 사람 같았다. 하지만 술에 취해 비틀대는 모습이 영 미덥지가 않아 준호는 선뜻 확신이 서지 않았다.

청년의 세찬 오줌 줄기가 닿자 웅덩이의 물이 사방으로 튀었다. 주모가 다시 득달같이 뛰어와 청년의 등짝을 후려갈겼다.

"야, 이놈아, 아까운 오줌 다 튄다, 다 튀어! 하는 일도 없는 놈이 그거라도 아껴야지! 퇴비 더미에다 똑바로 못 누냐, 이놈아!"

그러고는 사립문 쪽을 돌아보며 욕을 퍼부었다.

"아, 그 양반은 왜 안 오시나? 어미 말은 죽어라고 안 듣는 놈이, 용케도 그 꾀죄죄한 양반 말은 듣더니만! 에그, 개똥도 약에 쓰려면 없다더니, 이 거지 양반, 공짜 술만 실컷 얻어 마시고 코빼기도 안 보이네그려. 쯧쯧쯧!"

주모의 말에 준호는 비로소 확신이 들었다. 주모가 말

하는 거지 양반은 암행어사 아저씨가 틀림없었다. 준호는 결심을 굳히고 민호와 수진에게 눈짓했다.

"하기야 힘 있고 땅 있는 사람들만 살 만한 세상이니, 누군들 농사를 짓고 싶을까. 그렇다고 허구한 날 술이나 퍼마시면, 아, 밥이 나와, 떡이 나와, 쯧쯧쯧!"

주모가 혀를 차며 집 안으로 들어가자, 아이들은 살금살금 마당에 있는 청년에게 다가갔다.

"어, 시원타!"

청년이 바지춤을 추스르며 끄윽 하고 트림을 하자, 준호가 "쉿!" 하고 신호를 주며 청년의 팔을 잡아당겼다. 청년이 움찔하며 준호의 손을 홱 뿌리쳤다.

"이건 또 뭐야? 이거 놔!"

준호는 말없이 마패를 살짝 꺼내 보였다. 그 순간 청년의 눈빛이 싹 바뀌었다. 청년은 언제 술에 취했냐는 듯 날카롭게 주위를 둘러보고는 준호의 팔을 낚아채 번개같이 방 안으로 끌고 들어갔다. 수진과 민호도 재빨리 따라 들어갔다.

청년이 다급하게 물었다.

"어찌된 일이냐, 어사님께 무슨 일이 생긴 것이냐?"

준호가 침착하게 대답했다.

"오늘 저녁 유정시에 역졸과 서리들을 모아 동헌 앞으로 오시래요. 오늘밖에 시간이 없대요."

청년이 휘둥그레져서 물었다.

"뭐, 그게 정말이냐? 무슨 일이 생긴 것이냐? 어사 어른은, 어사 어른은 어찌 되었느냐!"

민호가 준호보다 먼저 대답했다.

"괜찮아요. 멀쩡해요. 지금 빈집에 숨어 있어요."

수진이 덧붙였다.

---

* **파발**
공문을 빠르게 전하기 위해 설치한 역참. 말이 가장 빠른 교통수단이었던 조선 시대에는 전국으로 통하는 큰길의 길목마다 '역'이나 '참'이라는 관청을 두었다. 그리고 나랏일로 급한 전갈을 보낼 일이 있을 때 파발을 이용했다. 파발은 말을 타고 달리는 '기발'과 사람이 빠른 걸음으로 달리는 '보발'로 구분되었다. 기발은 25리마다 한 참을, 보발은 30리마다 한 참을 두고, 말과 사람을 배치했다. 파발은 관리들에게 먹을 것과 잠자리를 제공하기도 했다.

"하지만 이상한 사람들이 아저씨를 노리고 있어요. 없애 버려야 한다면서요. 빨리 서두르지 않으면, 아저씨가 위험해요!"

"어떤 놈이 감히 어사님의 목숨을 노린단 말이냐!"

청년이 흥분하자 준호가 대답했다.

"이곳 사또가 어사님을 해치우려 한대요. 어서 파발*에 가서, 이 마패를 보여 주고 역졸들과 부근에 있는 서리들을 모아 오래요. 그리고 어사님이 숨어 있는 집으로 호위 무사들을 보내 달래요. 어사님이 목숨을 노리는 사람들 때문에 혼자 동헌까지 갈 수가 없거든요."

"천벌을 받을 놈들!"

청년은 주먹을 불끈 쥐고 부들부들 떨었다.

"어사님은 지금 어디에 계시느냐? 탑골 밖의 빈집에 계시느냐?"

준호가 대답했다.

"네, 빈집에 계세요. 탑골의 은신처라고 하셨어요."

"알았다. 나는 파발로 갈 테니, 너희는 바로 어사님께 돌아가서 말씀드려 다오. 유정시에 반드시 동헌으로 가겠습니다, 그리고 곧 어사님을 모시러 갈 무사들을 보낼 테니 그때까지 부디 몸조심하십시오, 라고!"

말이 끝나기가 무섭게 청년은 마패를 건네받고서 방문을 박차고 나가 대문 밖으로 사라졌다. 아이들도 곧바로 뒤따라 나갔지만, 청년의 모습은 보이지 않았다.

민호가 눈을 둥그렇게 뜨고 감탄했다.

"우와, 번개다! 앗 하는 사이에 사라졌어! 꼭 축지법을 쓰는 것 같아."

달리기라면 자신 있는 수진도 혀를 내둘렀다.

"꼭 홍길동 같아. 우리도 빨리 암행어사 아저씨한테 가서 알려 주자, 빨리!"

그러고는 앞장서서 당산나무 쪽으로 뛰어갔다. 준호도 숨을 헐떡이며 민호와 수진의 뒤를 쫓았다.

그런데 당산나무를 지나갈 무렵, 수진이 문득 뒤를 돌아보며 물었다.

"어? 잠깐! 방금 무슨 소리 못 들었어?"

"야, 가뜩이나 나쁜 놈들이 나타날까 봐 조마조마한데! 아무도 없어. 어서 가기나 해!"

민호가 투덜댔다.

준호도 헉헉대며 재촉했다.

"아저씨 기다리시겠다. 빨리 가자!"

수진은 주위를 힐끗 둘러보았다. 착각이었을까? 언뜻 다른 사람들의 발소리 같은 걸 들은 것 같았다. 하지만 어디선가 불어온 봄바람에 나뭇잎이 차르르 흔들리자 수진은 '아하, 바람이었나 보다!' 하고 생긋 웃고는 다시 고갯길을 넘기 시작했다.

수진이 바람처럼 달려가자 민호와 준호도 힘을 내어 다시 달리기 시작했다.

잠시 후 아이들의 뒤로 한 떼의 사람들이 나타났다. 정체를 알 수 없는 이들이 그림자처럼 소리 없이 아이들의 뒤를 밟기 시작한 것이다. 조금 전보다 더 조용히, 더 조심스럽게.

6. 반역의 무리

아저씨는 빈집에서 뙤창(방문에 낸 작은 창문)으로 밖을 내다보며 아이들을 기다리고 있었다. 마침내 길 저 끝에 있는 장승* 부근에 아이들의 모습이 나타나자, 아저씨는 밖으로 나가 손을 크게 흔들었다.

"암행어사 아저씨!"

아이들은 반가움에 저만치 떨어진 곳에서부터 소리를

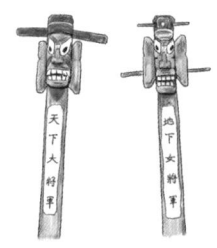

* 장승
나무나 돌에 사람의 얼굴을 새긴 것. 천하대장군, 지하여장군, 제주의 돌하르방 등이 모두 장승에 속한다. 마을의 수호신으로, 전염병이나 잡귀들이 겁을 먹고 마을로 들어오지 못하게 마을 어귀에 세워 두었다. 장승의 몸통에 'OO 삼백 리'라는 글을 새겨, 나그네에게 방향과 거리를 알려 주는 이정표로도 사용했다.

지르며 달려왔다.

아저씨는 '쯧쯧, 그렇게 조용히 다니라고 일렀건만.' 하고 생각하며 주위를 둘러보았다. 누군가 듣지 않았을까 신경을 곤두세웠지만, 다행히 한가로운 새들의 울음소리만 들려올 뿐 인기척은 느껴지지 않았다.

아이들을 얼싸안은 아저씨는 연방 주위를 둘러보며 방 안으로 들어갔다.

덜컥.

아저씨가 방문을 닫자 잠시 뒤 울타리 부근에 검은 그림자가 하나둘 나타났다. 그중 한 사내가 검은 복면 너머로 눈을 번뜩이며 말했다.

"짐작대로 암행어사가 맞군."

다른 사내도 고개를 끄덕였다.

"조용히 처리해야 하네."

"아이들은 어쩔 셈인가?"

무리 중 하나가 묻자 이내 한 사내가 눈을 번뜩이며 말했다.

"없애 버리세."

방 안에서는 아저씨가 아이들에게 이야기를 재촉했다.

"봉출이는 만났느냐? 내 말은 잘 전했고?"

민호가 씩씩하게 대답했다.

"그럼요! 처음에는 술주정뱅이인 줄 알았어요!"

수진도 신이 나서 말했다.

"일부러 취한 척했나 봐요. 아저씨처럼 신분을 감추려고요! 아저씨 얘기를 전하자마자 바람처럼 사라졌어요. 진짜 번개 같았어요. 우리가 금방 쫓아갔는데 그림자도 못 봤어요!"

아저씨는 준호를 보며 물었다.

"마패도 전했느냐?"

준호가 고개를 끄덕였다.

"네, 반드시 역졸과 서리들을 데려올 테니 그때까지 몸조심하시래요. 유정시에 동헌으로……."

그 순간 아저씨가 손가락을 입술에 갖다 댔다. 준호는 퍼뜩 입을 다물었다. 찢어진 문풍지가 바람에 파르르 떨렸다. 그리고 그 소리 사이로 사박사박 다가오는 발소리가 있었다.

아저씨는 찢어진 문풍지 사이로 밖을 내다보았다. 검은 복면을 한 사람들이 칼을 들고 집을 에워싸고 있었다.

아뿔싸!

아저씨는 당황해서 낯빛이 하얘졌다. 아이들이 미행을 당했을 줄은 미처 몰랐다. 어느새 자신의 목숨을 노리는 자들에게 꼼짝없이 포위되고 말았다. 그것도 인적이 드문 외딴 집에서.

밖에서 누군가 소리쳤다.

"이제 나오시지요, 나리. 살려 달라고 소리쳐 봤자 구해 줄 사람도 없고, 도망칠 곳도 없습니다. 말 그대로 독 안에 든 쥐 꼴입죠."

낄낄대는 기분 나쁜 웃음소리가 들려왔다.

아이들은 겁에 질려 아저씨의 도포 자락을 붙잡고 와들와들 떨었다. 아저씨는 숨을 깊이 들이쉬고는 찢어진 문풍지 사이로 바깥을 살폈다.

앞줄에 둘, 뒤쪽에 셋. 복면을 한 사내들은 모두 다섯 명이었다.

아저씨는 잠시 눈을 감았다가 아이들을 벽 쪽으로 바짝

붙어 서게 했다. 그리고 준호에게 꼼짝 말고 안에 있으라고 이르고는, 숨을 후 내쉬며 문을 열고 나갔다.

가운데 서 있던 복면의 우두머리가 말했다.

"죄송하지만, 조용히 사라져 주셔야겠습니다. 저희도 이러고 싶진 않지만, 아시다시피 어쩔 수가 없습니다."

아저씨가 품에서 뭔가를 꺼내 보이며 소리쳤다.

"무엄하다! 이것은 전하께서 내리신 봉서(임명장)인즉, 네 놈들이 감히 어명을 거역하고 나를 해치려는 것이냐! 네 놈들은 고을 수령이 보낸 것이냐, 아니면 이방 놈이 보낸 것이냐!"

우두머리가 칼날을 힐끗 내려다보고는 말했다.

"이제 곧 죽을 양반이, 그건 알아서 뭐하려고 그러시오? 좋소, 저승길에 부조하는 셈 치고 알려 드리지. 암행어사

---

* **집장사령**

곤장을 때리는 군졸. 곤장을 몇 대 때리느냐는 수령이 결정하지만, 집장사령이 살살 치느냐, 세게 치느냐, 단단한 곤장으로 때리느냐, 무른 곤장으로 때리느냐에 따라 고통의 강도가 달랐다. 이 때문에 죄인의 가족들은 집장사령에게 뇌물을 주곤 했다.

나리 목을 원하는 게 어디 사또와 이방 나리뿐이겠소? 영남 감사 어른께서도 나리 때문에 걱정이 이만저만이 아니랍니다. 그러니 조용히 없어져 주셔야겠소. 쥐도 새도 모르게!"

아이들은 호기심을 참지 못하고 찢어진 문풍지 사이로 밖을 내다보았다.

아저씨가 오른쪽에 있는 사내에게 소리쳤다.

"왼손에 칼을 쥔 것을 보니, 네놈은 이 고을 집장사령*이 아니냐? 일전에 사또의 명으로 무고한 백성에게 곤장*을 쳐 숨지게 한 놈이렷다!"

아저씨의 말에 무리에 있던 집장사령이란 자가 움찔했다.

* **곤장**
죄인의 볼기나 허벅지를 치던 나무 몽둥이. '곤장을 맞는 벌'이라는 뜻도 있어, 벌을 내릴 때 '곤장에 처한다'고 했다. 곤장은 곤과 장으로 나뉘는데, 곤은 버드나무로 만든 길고 넓적한 몽둥이로 때리고, 장은 가시나무 가지로 만든 몽둥이로 때렸다. 모든 곤장(곤과 장)은 크기와 길이와 두께 등이 법으로 정해져, 죄의 크기에 따라 때리는 몽둥이도 달랐다.

"송구하옵니다, 나리. 그러니 나리를 그냥 보내 드릴 수가 없습니다. 나리께서 출두하시면, 소인을 감옥에 처넣으실 게 아닙니까."

"네 이놈, 그렇다고 감히 암행어사를 죽이려 드느냐! 어명이 두렵지 않으냐! 당장 그 칼을 거두지 못할까!"

아저씨의 목소리에는 암행어사의 당당함과 위엄이 서려 있었다. 하지만 복면을 한 사내들은 꿈쩍도 하지 않았다. 칼을 거두기는커녕 음험한 눈빛으로 아저씨를 노려보며 한 발 한 발 거리를 좁혀 왔다.

수진이 준호한테 찰싹 달라붙어 손을 꼭 잡았다. 민호도 겁에 질린 얼굴로 밖을 내다보았다.

마침내 우두머리가 소리쳤다.

"쳐라!"

다섯 개의 칼날이 일제히 아저씨에게 달려들었다. 아저씨는 봇짐과 지팡이로 세 개의 칼날을 막아 냈다. 하지만 잇달아 날아든 우두머리의 날카로운 칼에 지팡이가 두 동

강이 나고 말았다.

　아이들은 비명을 지르며 벽 쪽으로 후닥닥 물러났다.

　아저씨에게는 이제 봇짐도, 지팡이도 없었다. 복면을 한 무리의 칼을 막아 낼 것이 아무 것도 없는 것이다.

　"야앗!"

다섯 개의 칼날이 다시 아저씨를 향했다.

그때였다.

"멈춰라!"

초가집 지붕과 울타리 너머로 또 다른 무리가 날아들며 암행어사를 향한 칼끝을 가로막았다.

"당장 칼을 버려라! 암행어사님께 감히 칼을 겨누는 자, 죽음을 면치 못하리라!"

새로 나타난 무리는 복면을 한 무리보다 수는 더 적었지만 칼 솜씨가 훨씬 뛰어났다. 복면을 한 사내들은 칼을 몇 번 휘둘러 보지도 못하고 바닥에 나동그라지고 말았다.

아이들은 덜덜 떨면서도 찢어진 문풍지 사이로 다시 싸움을 지켜보고 있었다.

"앗, 도망간다!"

검은 복면을 한 사내 하나가 마을 쪽으로 달아나자 민호가 문밖으로 뛰쳐나가며 소리쳤다.

그러자 새로 나타난 무리의 우두머리가 소리쳤다.

"잡아라! 단 한 놈도 놓쳐서는 안 된다! 모두 포박하라!"

두 사람이 달아난 복면의 사내를 쫓아갔다. 호위 무사의 우두머리는 쓰러진 다른 괴한들을 꽁꽁 묶게 하고는 아저씨에게 머리를 조아렸다.

"소인, 상주와 영주 지방을 둘러보고 방금 도착했나이다. 시간이 지체되어 하마터면 나리를 위험에 빠뜨릴 뻔했습니다. 소인의 불충을 용서하소서."

아저씨가 우두머리의 어깨를 두드리며 말했다.

"무슨 소리인가. 자네가 아니었으면 큰일 날 뻔했네. 이 은혜는 잊지 않겠네. 자, 긴 이야기는 나중에 하고 약속 시간에 늦지 않도록 서둘러 떠나세!"

아저씨는 아이들을 데리고 호위 무사들과 함께 약속 장소인 동헌으로 달려갔다. 서쪽 하늘이 서서히 붉게 물드는 저녁, 동헌으로 가는 동서남북의 모든 길을 암행어사의 명을 받은 역졸과 서리들이 뿌연 흙먼지를 일으키며 바람처럼 달려가고 있었다.

7. 암행어사 출두야!

이윽고 관아 대문 앞에 이르자 웬 아주머니가 군졸들을 붙잡고 애원을 하고 있었다. 아까 길에서 보았던 그 아주머니였다.

"어서 살려 주세요, 우리 서방님 좀 풀어 주세요!"

군졸들은 난처한 듯 고개를 저으며 아주머니를 쫓아 버리려 했다.

"제발 저리 가시오. 사또가 아시면 불호령이 떨어질 거요."

민호가 흥분해서 끼어들려 하자, 준호와 수진이 얼른 달려들어 붙잡았다. 준호와 수진은 씩씩거리는 민호의 팔짱을 낀 채 아저씨를 따라 관아로 들어섰다.

관아 안에서는 거문고 소리가 울려 퍼지고 있었다. 잔치가 벌어진 관아 마당으로 들어서자 거문고 소리는 더욱 커졌다.

고을 양반과 벼슬아치들, 그리고 그들이 데려온 아랫사람들로 붐비는 마당 너머로 동헌의 대청마루 위에 사또가 관리들을 거느리고 앉아 있었다.

"여봐라, 어찌하여 아직 음식이 나오지 않은 것이냐? 게다가 예방(육방 가운데 의례와 손님맞이 등의 일을 맡아보던 부서나 그 관리)에게 악공을 모두 대령하라 일렀거늘, 왜 거문고 소리만 울린단 말이냐? 이래서야 잔치 흥이 나겠느냐!"

사또가 못마땅한 듯 말하자 이방이 고개를 조아렸다.

"사또 나리 분부대로 하였습니다요. 곧 풍악도 울리고, 진귀한 산해진미(산과 바다에서 나는 온갖 진귀한 물건으로 차린 맛있는 음식)가 나올 터이니, 조금만 기다리십시오."

하지만 사또는 영 마뜩찮은 듯 이맛살을 찌푸렸다.

이내 이방의 말대로 번쩍이는 놋쇠 그릇에 진수성찬이 담겨 나왔다. 맛있는 고기 냄새와 구수한 쌀밥 냄새, 보기에도 탐스러운 떡과 과일에 군침이 절로 넘어갔다. 이어서 초록 저고리에 붉은 치마를 입은 기생들과 피리, 아쟁, 장구 등을 든 악공들이 잇달아 등장했다. 대청마루에 앉은 양반들의 입이 쭉 찢어졌다.

 마당 한구석에서 짐을 부리던 사내 하나가 그 모습을 보고 푸념하듯 말했다.

 "저 떡과 이밥(쌀밥)도 나라에서 나온 환곡*을 빼돌린 것이겠지. 백성들은 흉년으로 굶주리는데, 사또 생일이라고 전날부터 흥청망청 잔치라니……."

 그때 어디서 나타났는지 봉출 청년이 말을 거들었다.

---

* 환곡

나라에서 봄에 가난한 백성들에게 꾸어 주고 가을에 이자를 붙여 거두던 곡식이나, 그 제도를 말한다. 가난한 백성들을 위해 만든 제도지만, 시간이 지나면서 백성들을 가장 괴롭히는 제도가 되고 말았다. 탐관오리들이 백성에게 높은 이자를 물려 피땀을 쥐어짜는 '고리대 제도'로 변질되었기 때문이다. 환곡의 폐해가 극심했던 조선 후기에 곳곳에서 민란이 일어나는 원인이 되었다.

"아, 사또가 저 모양이니 창고지기 놈은 제 뱃속을 불리려고 꿔 주지도 않은 쌀을 꿔 줬다고 우기고, 호방 놈은 호방 놈대로 이방과 짜고 천민과 노비를 양인(조선 시대에 양반과 천민 사이에 있던 일반 백성)으로 만들어 주고 돈을 받아먹고 그 난리지요."

그 말을 들은 걸까. 마당에서 상을 나르던 노비가 봉출 청년을 힐끗 돌아보았다.

아저씨가 봉출 청년의 옆구리를 쿡 찔렀다.

"쉿, 누가 듣겠네. 소리 좀 낮추게."

노비가 고개를 갸웃거리며 사라지자 풍악이 울리고 기생들이 흰 천을 휘날리며 춤을 추기 시작했다. 대청마루에서는 "하하하하!" 하는 벼슬아치들의 호탕한 웃음소리가 울려 퍼지고, 마당에서는 내로라하는 고을 양반들이 술과 음식을 배불리 먹으며 왁자지껄 웃고 떠들었다.

"망할, 백성들은 피눈물을 흘리는데, 잔치는 무슨 잔치란 말입니까!"

청년이 분통을 터뜨리자 아저씨가 귓속말로 일렀다.

"자, 이제 때가 된 것 같네."

아저씨는 아이들에게 일이 벌어지는 동안 안전한 곳에 피해 있으라고 단단히 이르고는, 마당 구석에 대기하고 있던 서리에게 눈길을 주었다. 그러자 서리들이 밖으로 나가 관아 앞 여기저기에 대기하고 있던 역졸들에게 신호를 주었다. 이내 검은 패랭이*를 눌러쓴 역졸들이 육모 방망이를 움켜쥐고 관아 앞으로 소리 없이 모여들었다.

마침내 대문 앞에 있던 역졸들이 둥근 마패를 번쩍 쳐들고 한꺼번에 외쳤다.

"암행어사 출두야!"

그러자 마치 천둥이라도 친 듯 관아에 모인 사람들이 일

* 패랭이
역졸이나 봇짐장수처럼 신분이 낮은 사람이나 상을 당한 사람이 쓰던 갓. 가늘게 쪼갠 대나무를 엮어서 만든 것으로, 양반이 쓰는 검은 갓보다 모자가 낮고 챙이 작았다. 역졸은 검은 칠을 한 패랭이를 썼으며, 봇짐장수나 등짐장수들은 패랭이 꼭대기에 주먹만 한 목화송이를 달고 다녔다.

제히 얼어붙었다.

"암행어사 출두야!"

"암행어사 출두야!"

관아의 동문과 서문에서도 천둥 같은 소리가 울렸다.

아이들은 얼른 대청마루 밑으로 뛰어들었다.

관아 마당에 있던 사람들이 아우성을 치며 저마다 숨거나 달아날 곳을 찾아 뛰었다. 사또와 이방, 검은 옷을 입은 군졸들이 이리 부딪히고 저리 부딪히며 우왕좌왕했다. 술에 취한 이웃 고을의 사또들이 갓과 도포 자락을 움켜쥔 채 달아나려고 버둥거렸다. 감사라는 자는 두 손으로 얼굴을 감싸 쥐고 달아날 길을 찾아 두리번거렸다.

이 고을 사또가 도포를 덮어쓰고 도망치려고 하자, 서리와 역졸들이 득달같이 달려들어 사로잡았다.

"어사님께 모두 예를 갖추라!"

어사의 명을 전하는 사령이 소리쳤다. 그러자 모두들 동작을 멈추고 암행어사 앞에 엎드렸다. 목사와 부사, 현감

등의 관리들도 몸을 낮추어 암행어사를 맞았다.

아이들은 대청마루 밑에서 나와 그 광경을 지켜보았다.

아저씨가 동헌에 올라앉아 소리쳤다.

"본관은 봉고파직*하라."

"본관은 봉고파직이요!"

서리가 그 명을 받들어 소리치자 어느새 소식을 듣고 달려온 백성들이 팔을 쳐들고 함성을 질렀다.

"암행어사가 납시었다, 만세!"

"만세! 만세!"

백성들은 서로를 얼싸안으며 기쁨의 눈물을 흘렸다.

아이들도 기뻐서 팔짝팔짝 뛰었다. 마치 자신들이 암행어사가 된 것 같았다.

* 봉고파직
봉고는 수령의 비리를 좀 더 정확히 조사하고 증거를 확보하기 위해 '창고(고) 문을 닫는다(봉)'는 말로, 수령의 권리를 빼앗는다는 뜻이다. 파직은 직책에서 물러나게 한다는 뜻이다. 파직된 지방 수령은 중앙의 의금부로 끌려가 정식 재판을 받고 귀양을 갔다. 수령이 물러나면 새 수령이 올 때까지 암행어사나 이웃 고을의 수령이 대신 다스렸다.

말을 탄 군졸들이 문밖에 '봉고파직'이라는 암행어사의 명을 붙이기 위해 따그닥따그닥 달려갔다.

8. 야속한 모래시계

암행어사 아저씨는 사모관대*를 하고 동헌 마루의 의자에 늠름하게 앉아 있었다.

"마당에 불을 밝혀라! 옥에 갇힌 죄인들을 다시 조사하여 억울한 이들은 풀어 줄 터이니, 모두 데려오너라!"

수진이 넋을 잃고 쳐다보았다.

"우와!"

거지 같던 모습은 온데간데없이 암행어사 아저씨는 너

* 사모관대
벼슬아치가 관아에 나갈 때 차려입는 복장. 사모는 관복을 입을 때 쓰는 검은 비단실로 짠 벼슬아치의 모자이고, 관대는 벼슬아치들이 입는 관복이다. 암행어사는 청색이나 녹색 옷을 입었다.

무나 멋지고 늠름한 모습으로 부하들을 호령하고 있었다.

준호는 시간이 얼마나 남았는지 보려고 민호를 찾았지만, 어디에 갔는지 보이지 않았다.

동헌 앞에는 암행어사가 출두했다는 소식을 들은 백성들이 구름처럼 모여들었다. 개중에는 남편이 억울하게 곤장을 맞아 죽었다며 통곡하는 사람도 있었고, 빚으로 노비가 된 아들의 신분을 되돌려 달라고 찾아온 사람도 있었다. 지주나 부농에게 억울하게 땅을 빼앗긴 사람, 양반을 고발했다가 옥에 갇힌 남편을 찾아온 사람도 있었다.

암행어사 아저씨의 성난 고함 소리가 울려 퍼졌다.

"여봐라, 주리*는 도적에게만 실시하게 되어 있는데, 어찌하여 번번이 법을 어기고 무고한 양민에게 주리를 튼

* 주리
죄인의 다리를 묶고, 다리 사이에 주릿대(나무대)를 끼워 비트는 형벌. 엄청난 고통이 따르는 형벌로, 심한 경우에는 다리가 부러지거나 영영 다리를 못 쓰게 되기도 했다. 그래서 지금까지도 '주리를 튼다'는 말은 아주 모진 벌을 준다는 뜻과 더불어, 몹시 못살게 군다는 뜻으로 쓰인다.

것이냐! 죄인을 다룰 때에는 『경국대전』*에 따라야 하거늘, 어찌 사또 마음대로 아무나 곤장을 치고 주리를 틀 수가 있단 말이냐!"

암행어사 아저씨의 목소리는 시간이 지날수록 점점 커졌다.

"뭐라? 임금께서 이번 봄에 내리신 구휼미*를 받지 못했다고? 여봐라, 이 사람의 말이 사실이냐? 창고지기는 당장 이실직고하라!"

암행어사 아저씨가 추궁하자 창고지기가 덜덜 떨며 대답했다.

"전임 사또께서 자, 잔치에 저, 저, 절반쯤 쓰고, 저, 저, 절반은 창고에 남아 있습니다."

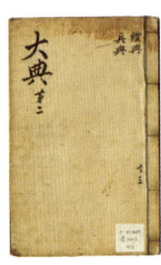

* 경국대전
조선 시대의 법전으로, 왕이 나라를 다스리는 기준이 되었다. 국가 기관의 직제 및 관리에 관한 법(이전), 재정과 상거래 등에 관한 법(호전), 과거와 의례 및 외교 등에 관한 법(예전), 무과와 군사 제도에 관한 법(병전), 형벌과 재판 등에 관한 법(형전), 도로와 산업 등에 관한 법(공전) 등 6전으로 구성되어 있다. 세조 때 만들기 시작해 성종 때 완성했다.

누군가 분통을 터뜨렸다.

"죽일 놈들! 집 안의 쌀 한 톨까지 세금으로 싹싹 긁어 가더니, 구휼미까지 제 뱃속에다 처넣다니!"

동헌 마당에 모인 사람들은 쩌렁쩌렁 울리는 암행어사의 말에 귀를 기울이며, 감탄하거나 고개를 끄덕였다.

준호와 수진은 그 북새통에서 간신히 민호를 찾았다.

민호는 아까 관아 앞에서 본 아주머니의 손을 잡고 안심시키고 있었다.

"걱정 마세요. 아저씨는 금방 풀려날 거예요! 제가 암행어사 아저씨한테 말해 줄게요."

준호와 수진이 민호의 등을 툭 쳤다.

"어디 갔나 했더니, 여기 있었구나!"

---

* **구휼미**

굶주리는 백성을 위해 나라에서 공짜로 나누어 주는 쌀. 가뭄이나 홍수로 흉년이 들거나 전염병이 돌아 백성이 굶주리게 되면, 왕은 구휼미를 풀어 백성의 고통을 덜어 주었다. 하지만 구휼미조차 지방의 관리들이 가로채거나 이자를 받고 빌려주는 일이 많아, 암행어사는 수령들이 구휼미를 제대로 나누어 주었는지도 살펴봐야 했다.

수진이 소리치자 준호가 말했다.

"이제 돌아가야 할 때가 되지 않았을까? 모래시계 좀 봐, 시간이 얼마나 남았는지."

민호는 하필 이렇게 신날 때 그런 소리를 하느냐는 듯 부루퉁한 얼굴로 주머니를 뒤적였다.

민호가 꺼낸 모래시계는 모래가 거의 다 떨어져 가고 있었다. 준호와 민호는 한숨을 푹 내쉬었다. 더 있고 싶어도 모래가 다 떨어지면 떠나야 했다.

"모래시계를 거꾸로 들고 있으면 어떨까?"

수진의 말에 준호는 힘없이 고개를 저었다.

"소용없어. 과거에 머무를 시간을 늘릴 순 없다고."

민호는 수진에게 모래시계를 뒤집어 보여 주었다. 전에도 그랬듯이, 모래가 밑으로 흘러내리지 않고 거꾸로 거슬러 올라갔다.

수진의 눈이 휘둥그레졌다.

그때 암행어사 아저씨가 서릿발처럼 호통을 쳤다.

"흉년을 당해 백성의 신음 소리가 끊이지 않는데, 무슨 짓들을 하고 있었던 것이냐! 당장 구휼미를 백성들에게 나누어 주도록 하라!"

그 말에 백성들이 뜨거운 환호성을 올렸다.

그 순간 모래시계가 꿈틀했다. 잇달아 준호의 배낭에 있던 두루마리도 들썩거렸다.

"뛰어!"

준호가 소리치며 대문 밖으로 뛰기 시작했다. 암행어사 아저씨한테 인사를 하고 싶었지만 시간이 없었다. 민호와 수진도 아쉬운 마음을 뒤로하고 사람들을 헤치며 준호를 쫓아갔다.

동헌 대문을 지나 첫 번째 네거리에 이르자 호롱불을 켠 기와집들이 드문드문 보였다. 어느덧 저녁 땅거미가 지고 있었다.

초가 마을 쪽으로 막 접어들었을 때, 준호의 배낭에서 두루마리가 빠져나와 허공으로 둥실 떠올랐다. 그와 동시

에 민호의 모래시계가 쏜살같이 두루마리로 날아가 박혔다.

"아앗!"

다음 순간 아이들은 눈이 멀 듯한 푸른빛 속에서 홀연히 사라졌다.

9. 아빠는 알고 있을까?

"암행어사 출두야!"

어둠 속에서 민호 목소리가 들렸다. 아직 흥분이 가시지 않은 듯 민호는 신이 나서 소리쳤다.

수진도 질세라 외쳤다.

"네 이놈, 이곳이 어디라고 감히 소리를 치느냐! 네 죄를 네가 알렷다!"

그러고는 둘 다 까르르 웃음을 터뜨렸다. 준호도 하하하 웃었다.

"난 처음엔 그 아저씨가 거지인 줄 알았어."

민호가 말하자 수진도 맞장구를 쳤다.

"나도, 나도! 아무리 변장이라지만 옷이 완전히 누더기였잖아, 때투성이에!"

"맞아! 그 찌그러진 갓 하며! 그거, 어디서 주운 걸까? 진짜 거지처럼 보였어!"

준호는 후후후 웃으며 아저씨를 떠올렸다. 아저씨와 함께 쫓기던 일이며 마패를 품고 심부름을 하던 순간들이 꿈만 같았다. 하지만 검은 복면을 한 사람들이 초가집을 덮쳤던 때가 떠오르자, 새삼 등골이 서늘해졌다. 호위 무사들이 조금만 늦게 왔다면, 자신들과 아저씨는 어떻게 되었을까? 어쩌면 자신들도 그곳에서 목숨을 잃고, 영영 돌아오지 못했을지 모른다. 준호는 복면을 한 사내들이 아저씨를 향해 일제히 달려들던 순간을 떠올리며 몸서리를 쳤다.

'어휴, 그때 봇짐과 지팡이가 없었으면…….'

생각만 해도 끔찍했다. 그러면서 문득 과거 여행의 비밀을 좀 더 알아봐야겠다는 생각이 들었다. 과거 속 어디에 위험이 도사리고 있을지 몰랐다. 그 위험에 대처하자면 마법의 두루마리뿐 아니라, 수진이 말한 용머리 지팡이에 대해서도 제대로 알아둘 필요가 있을 것 같았다.

수진과 민호가 흥분에 들떠 있는 동안, 준호는 곰곰 생각에 잠겼다.

"수진아, 그 용머리 지팡이 말이야……."

준호가 말을 꺼내자 수진이 "아 참!" 하고 손뼉을 쳤다.

"아까 그 지팡이를 찾다가, 민호가 멋대로 두루마리를 풀어 버렸지! 야, 네 마음대로 두루마리를 막 풀면 어떡해? 같이 얘기하고 떠나야지!"

수진이 구박하자 민호가 부루퉁하게 대꾸했다.

"용머리 지팡이 없이도 여행을 잘할 수 있는데 자꾸만 찾으니까 그렇지! 이 방을 샅샅이 뒤져 봤지만 없었잖아. 네 말대로 할아버지가 갖고 간 게 분명해. 그러니까 찾아 봤자 소용없다고."

그렇다면 할아버지는 어디로 갔을까?

준호가 수진을 돌아보며 물었다.

"수진아, 너 그 할아버지가 사라지기 전에 봤다고 했지? 그때 뭔가 들은 얘기 같은 거 없었어? 가령 어디로 갈 거라든가……."

수진이 말했다.

"없어. 원래 괴짜 할아버지라서 아무하고도 말을 안했거든. 찾아오는 사람도 거의 없었고. 제자인가 하는 사람이 몇 번 왔다 가긴 했지만."

"제자?"

"응, 나는 못 봤지만, 우리 아빠가 그러는데, 그 제자란 사람이 가끔 찾아와서 보살펴 드렸대."

준호는 눈썹을 치떴다.

'혹시 그 제자가…….'

수진이 말했다.

"할아버지가 사라진 뒤로 이 집에는 한동안 아무도 살지 않았어. 그러다가 얼마 전에 오빠네가 이사를 온 거지. 그런데 여긴 도대체 어떻게 이사 오게 된 거야?"

준호는 다시 눈썹을 치떴다. 지금까지는 그저 아빠가 경주 박물관에 근무하게 되어 이사를 왔다고만 생각했다. 하지만 왜 하필 이 집으로 이사를 온 걸까?

민호가 소리쳤다.

"혹시 우리 아빠랑 그 할아버지랑 아는 사이 아닐까? 아빠한테 물어보자!"

준호는 고개를 번쩍 쳐들었다. 그랬다. 공교롭게 그 할아버지도, 아빠도 똑같이 역사학자였다. 그렇다면 수진이 할아버지네 집에 찾아오곤 했다고 말한 그 제자가 아빠일 수도 있었다.

준호는 가슴이 철렁했다. 만약 아빠가 그 할아버지를 알고 있다면, 이 지하실과 마법의 두루마리도 알고 있지 않을까?

준호는 물어보기가 겁났다. 괜히 물어보았다가 아빠한테 두루마리의 비밀을 들키는 건 아닐까 두렵기도 했다.

하지만 지금으로서는 아빠한테 물어보는 것밖에 달리 방법이 없었다.

'그래, 어쩌면 아빠한테서 복잡한 수수께끼를 풀 수 있는 실마리를 얻을지도 몰라. 어쩌면……'

준호는 가슴이 쿵쿵 뛰었다.

 준호의 역사 노트

 과거 여행을 다녀온 뒤, 역사 박사 준호는 도서관과 아빠의 서재를 들락거리며 조선 시대 암행어사 연구에 몰두했다. 준호는 무엇을 알아냈을까?

✏️ 암행어사는 왜 필요했을까?

조선 시대에는 고을마다 수령을 두고 행정권과 군사권, 재판권 등의 권한을 주어 지방을 다스리게 했다. 전국 팔도의 감사(관찰사)는 각 지방 수령들이 제대로 일하는지 감시하는 역할을 했다. 하지만 수령과 감사가 서로 짜고 부정을 저지르거나 백성들에게 부당하게 세금을 많이 걷거나 세금을 가로채도 막을 길이 없었다.

그래서 왕은 때때로 암행어사를 몰래 보내 지방 관리들을 감시하고 부정부패를 막았다.

감사와 수령과 암행어사의 관계

감사는 도에서 가장 높은 벼슬로, 수령을 감시했다. 수령은 감사의 감시를 받기는 했지만, 고을을 다스리는 모든 권한을 갖고 있었다. 암행어사는 왕의 특명을 받고 비밀리에 지방에 파견되어, 수령이나 감사를 조사하고 잘못이 밝혀지면 직무를 정지시킬 권한을 갖고 있었다.

지방 관리들은 무슨 일을 했을까?

조정에서 파견된 수령은 세금을 걷고 재판을 하는 등 고을의 백성들을 다스렸다. 수령 밑에는 고을의 사정을 잘 아는 향리들이 6방(이, 호, 예, 병, 형, 공)을 맡아 수령 대신 세금과 군역 등의 일을 처리했다. 6방의 향리들은 그 고을에서 대대로 향리 일을 맡아 온 사람들로, 나라에서 보수를 받는 수령과 달리 아무 보수 없이 관아에서 일했다. 그 때문에 이들은 막강한 권한을 이용하여 부정을 저지르는 일이 많았다. 백성들한테 세금을 멋대로 뜯어내어 가로채거나, 세금을 내지 못한 백성들을 관아로 끌고 가 곤장을 치거나 감옥에 가두기도 했다.

잡혀가는 죄인(국립민속박물관 소장)

가난한 백성을 괴롭힌 사람들

조선 시대에 나라의 살림은 백성의 대부분을 차지하는 농민들이 낸 세금으로 꾸렸다. 양반들은 세금을 내지 않았지만, 농민들은 세금과 군역의 책임 때문에 늘 살림살이가 빠듯했다. 가뭄이나 홍수로 흉년이라도 들면 빚을 질 수밖에 없었고, 그렇게 진 빚 때문에 살림은 더욱 쪼들렸다. 하지만 부패한 관리와 땅 주인인 양반이나 부농들은 더 많은 세금과 고리대로 힘없고 가난한 백성들을 못살게 굴었다.

세금을 마구 뜯어낸 탐관오리

조선 시대 후기에는 부패한 탐관오리들이 백성들에게 세금을 멋대로 물려 제 뱃속을 채웠다. 전정(토지세)은 토지의 면적이나 수확량에 따라 물리는 것인데, 탐관오리들은 토지 면적을 조작하거나 토지 대장을 위조하여 없는 논밭에도 세금을 물렸으며 흉년에도 무거운 세금을 물렸다. 또 죽은 사람과 어린아이 몫의 군포까지 거둬들였으며, 가난한 백성들을 위해 마련해 둔 환곡마저 비싼 이자를 받고 빌려주어 백성들을 궁핍하게 만들었다.

높은 이자로 농민을 쥐어짠 고리대금업자

고리대금업자는 장사로 큰돈을 모은 상인이나 땅을 가진 지주들로, 가난한 농민들에게 돈과 곡식을 빌려주고 높은 이자(고리대)를 받아 부를 축적했다. 농민들은 세금을 낼 돈이 없거나 빚을 갚아야 할 때, 또는 관혼상제로 돈을 급히 써야 할 때 고리대금업자에게 비싼 이자를 물고 돈이나 곡식을 빌렸다. 불어난 이자를 갚지 못한 농민들은 결국 토지를 빼앗기거나 노비가 되었다. 고리대로 재산을 불린 지주나 부농들은 그 돈으로 더 많은 토지를 헐값에 사들였고, 땅을 잃은 농민들은 소작농으로 전락했다.

높은 소작료를 받은 지주

땅을 가진 지주들은 땅이 없는 농민들에게 땅을 빌려준 대가로 곡식을 받았는데, 심한 경우에는 추수한 곡식의 절반을 빼앗아 갔다. 또 소작인들에게 자기 집의 허드렛일을 시키거나 짐을 나르게 하는 등 공짜로 부려 먹기도 했다. 소작인들이 소작료를 내지 못하거나 요구를 거부하면, 농사지을 땅을 빌려주지 않았다. 농사를 못 짓게 된 농민들은 노비가 되거나 이리저리 떠돌며 날품을 팔거나, 더러는 거지나 도적이 되기도 했다.

암행어사는 어떻게 뽑았을까?

　암행어사는 젊은 관료 가운데 과감하게 비리를 캐낼 수 있는 사람을 골라서 뽑았다. 보통 영의정, 좌의정, 우의정이 젊고 소신 있는 관료를 두 명 이상 추천하면, 왕이 그중 한 명을 암행어사로 정했다.

　암행어사로 임명된 관료는 왕에게 봉서(임명장)와 사목(해야 할 일을 적은 목록), 마패(말을 빌릴 때 보여 주는 패), 유척(놋쇠로 만든 표준 자)을 받아 작게는 1개 군, 크게는 2~3개 도로 파견되었다.

　암행어사를 파견할 지방은 공정하게 정하기 위해 왕이 '제비뽑기'로 정했다. 이것을 '추생(추첨)'이라고 했는데, 팔도 360개의 부, 목, 군, 현 등을 적어 놓은 가느다란 대나무 막대기 가운데 몇 개를 뽑아 파견할 곳을 정했다. 이렇게 고른 지역 외에는 암행어사가 비리를 발견해도 수령을 봉고파직할 수 없었다.

왕이 암행어사에게 준 물건

봉서

왕이 내리는 암행어사 '임명장'과 같은 문서. 봉서에는 암행어사가 살펴봐야 할 지방과 해야 할 일 등이 적혀 있었다. 파견지와 임무가 미리 알려지면 안 되기 때문에 겉봉에 '어느 장소에 이르러 뜯어볼 것'이라고 쓰여 있었다. 암행어사는 봉서를 받으면 집에 들르지도 않고 겉봉에 쓰인 대로 남대문이나 동대문 밖, 파견지 등에 도착해서 봉서를 뜯었다.

▲ 1899년 충청도 암행어사 윤헌섭에게 내려진 봉서

마패

조정에서 암행어사에게 주던 패로, 신분증 역할을 했다. 지름 10센티미터 정도의 어른 손바닥만 한 크기였으며, 놋쇠로 만들어졌다. 암행어사는 마패에 새겨져 있는 말의 수만큼 역에서 말을 빌릴 수 있었고, 역졸들도 부릴 수 있었다. 암행어사는 창고 문을 닫거나 문서에 도장을 찍을 때도 마패를 사용했다.

유척

표준이 되는 놋쇠 자. 옛날에는 지방마다 길이를 재는 자나 곡식을 재는 되 등의 크기가 달라 어려움을 겪었다. 또 탐관오리들이 자를 속여 백성을 괴롭히는 일이 많았기에, 왕은 암행어사에게 자를 내려 척도의 기준을 바로잡도록 했다.

사목

암행어사가 해야 할 일을 적은 문서. 탐관오리들을 찾아내고, 세금을 너무 많이 물리거나 빼돌리지 않는지, 백성에게 함부로 벌을 주거나 불필요한 공사를 멋대로 벌여 부당한 일을 시키지는 않는지 조사하여 보고하라는 내용이 들어 있었다.

준호의 역사 노트_125

암행어사는 무슨 일을 했을까?

암행어사는 파견된 고을로 가서 비밀리에 마을의 동태와 민심을 살핀 다음, 수령이 죄가 있으면 관아에 출두하여 상세히 조사하고 조정에 보고했다. 경우에 따라서는 출두하지 않고 보고서만 올리기도 했다. 왕은 암행어사가 올린 보고서를 보고 수령에게 잘못이 있을 때 어떤 벌을 줄지 결정했다.

김홍도의 「풍속화첩」 중 주막도
주막은 사람들이 많이 오가는 곳이었다. 술이나 밥을 먹으러 들르는 사람들뿐 아니라 과거를 보러 가는 선비나 물건을 팔러 다니는 보부상들이 묵어 가는 곳이어서 정보가 모이고 퍼져 나가는 중심지이기도 했다.

어사 박문수
박문수는 암행어사 하면 가장 먼저 떠오르는 사람이지만, 실제로 암행어사로 파견된 적은 없다. 왕의 특명을 받고 공개적으로 지방으로 파견된 '별견어사'였지만, 흉년에 구휼미를 풀고 탐관오리를 벌주는 등 백성들이 암행어사에게 바라는 모든 일을 했기 때문에 암행어사로 알려지게 되었다.

암행어사 김명진이 쓴 서계
1874년 3월 22일에 충청좌도의 암행어사에 임명된 김명진이 자신이 둘러보고 온 지방관의 업적을 왕에게 보고하기 위해 작성한 서계이다. 암행어사는 지방관의 업적은 서계로, 백성들이 겪는 어려움은 별단으로 따로 작성하여 보고했다.

암행어사의 임무 수행 방법

정보 수집

암행어사는 신분을 감추고 파견지의 주막이나 장터, 민가에서 수령의 잘잘못과 민심을 살폈다. 때로는 수령을 직접 만나 사실을 확인하거나 서리나 역졸들을 주변 고을로 보내 정보를 수집하기도 했다. 암행은 비밀리에 진행되기 때문에 쥐도 새도 모르게 목숨을 잃을 수도 있는 위험한 일이었다. 실제로 암행어사가 악독한 지방 수령이나 이방 등에게 신분이 노출되어 목숨을 잃은 경우도 있었다.

출두

암행어사가 감찰할 지방에 가서, 공식적으로 자신의 신분을 밝히고 감찰을 하겠다고 알리는 것을 말한다. 좀 더 확실한 증거를 찾기 위한 절차로, 창고 문을 닫고 수령의 직무를 정지시킨 뒤 백성들이 호소한 내용을 검토하여 억울하게 옥살이하는 사람은 없는지 살폈다. 그리고 관아의 문서와 창고를 조사하여 불법과 부정을 찾아냈다. 출두는 보통 저녁 때 객사나 관사, 각 지방의 문, 관아 앞 등에서 실시했다. 역졸들이 '암행어사 출두'를 외치면 부사나 목사, 군수, 현감 등 모든 관리들이 나와 어사를 맞이했다.

서계

암행어사는 지방 감찰 임무를 끝내면 궁궐로 돌아가 왕에게 활동 보고서인 '서계'를 올렸다. 서계에는 지방에서 감찰한 내용을 자세히 적어 넣었는데, 보통 한양에 들어오기 전에 한양 부근의 역참에서 작성했다. 조정에서는 서계를 검토한 뒤 지방 수령을 처벌할지, 좀 더 조사할지를 결정했다.

사진 자료제공

22p **동헌** 국립민속박물관
106p **경국대전** 국립중앙박물관
125p **봉서** 한국학중앙연구원
   마패 국립중앙박물관
   유척 국립민속박물관
   팔도어사재거사목 한국학중앙연구원
126p **주막, 단원 풍속도첩** 국립중앙박물관
   박문수 초상 천안박물관
   서계 국립중앙박물관

마법의 두루마리 8
암행어사 출두야!

ⓒ 강무홍, 김종범, 2024

1판 1쇄 펴낸날 2024년 5월 30일
글 강무홍 **그림** 김종범 **감수** 신병주
편집 우순교 **디자인** 박정아
펴낸이 강무홍 **펴낸곳** 햇살과나무꾼
등록 2009년 07월 08일(제313-2004-54)
주소 서울시 영등포구 당산로54길 11 상가 305호
전화 02-324-9704
전자우편 namukun@namukun.com
ISBN 979-11-987725-0-3(73820)

* 신저작권법에 따라 한국 내에서 보호를 받는 저작물이므로 무단 전재와 무단 복제를 금합니다.